L'A-PROPOS,

ou

C'ÉTAIT PIS

que

DANS LA FORÊT NOIRE.

DE L'IMP. DE Mᵉ JEUNEHOMME-CRÉMIÈRE,
RUE HAUTEFEUILLE, nᵒ 20.

MÉMOIRE

DE

M. DE LAUTHIER-XAINTRAILLES,

ANCIEN LIEUTENANT-GÉNÉRAL DES ARMÉES DU ROI,
CHEVALIER DE L'ORDRE ROYAL DE LA LÉGION
D'HONNEUR.

PARIS,

Chez DELAUNAY, Libraire, Palais-Royal; et chez
tous les marchands de nouveautés.

Avril 1818.

MÉMOIRE

POUR

M. DE LAUTHIER-XAINTRAILLES,

En réclamation des rentes foncières perpétuelles en argent et en nature, qui lui sont dues par les vingt-quatre détenteurs du domaine de Bois-de-Faux, acquis par le quint-aïeul de son père, en 1571, par adjudication publique au parlement de Toulouse, et concédé en détail par le même, pour et moyennant les rentes susdites, aux ascendans ou auteurs des tenanciers actuels, par contrat ou bail emphythéotique. De laquelle propriété M. de Lauthier-Xaintrailles a été dépouillé par les décrets de la convention des 17 juillet et 2 octobre 1793 , et 7 ventôse an 2 (25 février 1794), etc., au mépris des lois rendues par les assemblées nationales , relatives à l'abolition du régime féodal , et qui ont excepté de la suppression *sans indemnité*, les rentes foncières et autres droits utiles , qui représentent le prix , et furent la condition d'une concession primitive de fonds.

Les droits que je réclame étaient perpétuels et imprescriptibles : ils ont été déclarés *rachetables*, mais ils n'ont point été *rachetés*, et je n'ai pu en être exproprié que par une violation manifeste de la loi la plus sacrée pour les nations civilisées.

Décret du 21 septembre 1789.

L'article 6 du décret de l'assemblée nationale du 21 septembre 1789, relatif à l'abolition du régime féodal, etc., dit :

« Toutes les rentes foncières perpétuelles,
soit en nature, soit en argent, de quelque e-
pèce qu'elles soient; quelque soit leur origine,
à quelques personnes qu'elles soient dues, etc.
seront rachetables, etc. »

Décret du 28 mars 1790.

Par l'article 11 du titre II du décret de l'as-
sémblée nationale du 28 mars 1790, qui abolit
sans indemnité les droits connus en Auvergne
sous le nom de *cens en commande*, et dans
d'autres provinces, ceux appelés *gave, ga-
venne, gaule, poursoin, sauvement, sauve-
garde, avouerie*, il est dit que ce sera « sans
préjudice des droits qui, quoique perçus sous
les mêmes dénominations, seraient justifiés
avoir pour causes des concessions de fonds. »
L'article 17 du même titre, en supprimant
*sans indemnité les droits d'étalonnage, minage,
muyage, ménage*, etc., fait la même exception en faveur de ceux desdits droits « qui,
quoique perçus sous les mêmes dénominations,
seraient justifiés avoir pour cause des concessions de fonds. »
« Toutes les corvées, dit l'art. 27 du même
titre, à la seule exception des réelles, sont

supprimées sans indemnité, et ne seront ré-
p..lées réelles que celles qui seront prouvées
être dues pour prix de la concession de la
propriété d'un fonds ou d'un droit réel. »

L'art. 29 du même titre s'exprime ainsi :

« Lorsque les possesseurs des droits conservés par les articles 9, 10, 11, 15, 24 et 27 ci-
dessus, ne seront pas en état de représenter
de titre primitif, ils pourront y suppléer par
deux reconnaissances conformes, énonciative
d'une plus ancienne, non contredites par des
reconnaissances antérieures, données par la
communauté des habitans, lorsqu'il s'agira
des droits généraux, et par les individus in-
téressés, lorsqu'elles concerneront des droits
particuliers, pourvu qu'elles soient soutenues
d'une possession actuelle, qui remonte sans
interruption à quarante ans, et qu'elles rap-
pellent, soit les conventions, soit les concessions mentionnées dans lesdits articles. »

Il est prononcé, par l'art. 1er du titre III,
que, « seront simplement rachetables, et
continueront d'être payés, jusqu'au rachat
effectué, tous les droits et devoirs féodaux ou
censuels utiles, qui sont le prix et la condition
d'une concession primitive de fonds. »

Et l'article 2, pour ne laisser aucune incertitude par la nature de ces droits, les spécifie ainsi :

« Et seront présumés tels, sauf la preuve contraire.

« 1° Toutes les redevances seigneuriales annuelles *en argent, grains, volailles, cires, denrées, ou fruits de la terre, servis sous la dénomination de cens, censives, sur cens, capcasal, rentes féodales, seigneuriales et amphytéotiques, champart, tasque, terrage, arrage, agrier, complant, soëte, dîmes inféodées,* ou sous toute autre dénomination quelconque, qui ne se paient et ne sont dues que par le propriétaire ou possesseur d'un fonds, tant qu'il est propriétaire ou possesseur, et à raison de la durée de sa possession. »

2°, 3°, etc.

L'article 5 du même titre caractérise la sagesse et la prévoyance des législateurs, par l'injonction qu'elle renferme. « Aucune municipalité, y est il dit, aucune administration de district ou de département, ne pourront, à peine de nullité, de prise à partie et de dommages-intérêts, prohiber la perception d'aucun des droits seigneuriaux, dont le paiement sera réclamé, sous prétexte qu'ils se trouveraient implicitement ou explicitement supprimés sans indemnité, sauf aux parties intéressées à se pourvoir par les voies de droit ordinaires, devant les juges qui doivent en connaître. »

« Les propriétaires de fiefs, dit l'article 6, dont les archives et les titres auraient été brûlés ou pillés, à l'occasion des troubles survenus depuis le commencement de l'année 1789, pourront, en faisant la preuve du fait, tant par titres que par témoins, dans les trois années de la publication des présentes, être admis à établir, soit par acte, soit par la preuve testimoniale d'une possession de trente ans, antérieure à l'incendie ou pillage, la nature et la quotité de ceux des droits non supprimés sans indemnité, qui leur appartenaient. »

Art. 7. « La preuve testimoniale dont il vient d'être parlé ne pourra être acquise que par dix témoins, lorsqu'il s'agira d'un droit général, et par six témoins dans les autres cas. »

Et l'article 8 ajoute : « Les propriétaires de fiefs qui auraient, depuis l'époque énoncée dans l'art. 6, renoncé par contrainte ou violence à la totalité ou à une partie de leurs droits non supprimés par les présentes, pourront, en se pourvoyant également dans les trois années, demander la nullité de leur renonciation, sans qu'il soit besoin de lettres de rescision, et après ce terme, ils n'y seront pas reçus, même en prenant des lettres de rescision. »

Décret du 9 mai 1790.

L'article 1er du décret du 9 mai 1790 et les suivans ne sont pas moins remarquables par la sollicitude des législateurs pour prévenir les difficultés dans l'exécution de la loi.

« Tout propriétaire, dit l'article 1er, pourra racheter les droits féodaux et censuels dont son fonds est grevé, encore que les autres propriétaires de la même seigneurie ou du même canton, ne voulussent pas profiter du bénéfice du rachat, sauf ce qui sera dit ci-après, à l'égard des fonds chargés de cens ou redevances solidaires. »

Art. 2. « Tout propriétaire pourra racheter lesdits droits à raison d'un fief ou d'un fonds particulier, encore qu'il se trouve plusieurs fiefs ou plusieurs fonds censuels, mouvans de la même seigneurie; pourvu néanmoins que ces fonds ne soient pas tenus sous des cens et redevances solidaires, auquel cas le rachat ne pourra être divisé. »

Art. 6. « Pourront, les propriétaires de fiefs ou de fonds censuels, traiter avec les propriétaires de fiefs dont ils sont mouvans, de gré à gré, à telle somme et sous telles conditions qu'ils jugeront à propos du rachat, etc.; et les traités ainsi faits de gré à gré entre majeurs, ne pourront être attaqués sous prétexte de lésion quelconque, encore que le prix du rachat se trouve inférieur ou supérieur à celui qui aurait pu résulter du mode et du prix qui sera ci-après fixé. »

Art. 12. « Lorsque les parties auxquelles il est libre de traiter de gré à gré, ne pourront s'accorder sur le prix du rachat des droits, etc., etc., le rachat sera fait suivant les règles et les taux ci-après. »

Art. 13. « Pour liquider le rachat des droits fixes (tels que les cens et redevances annuels en argent, grains, denrées ou fruits de récolte), il sera formé d'abord une évaluation du produit annuel total des charges dont le fonds est grevé, et ce produit annuel sera racheté au taux ci-après indiqué. Quant à l'évaluation du produit annuel, elle sera faite pour chaque espèce de redevance, ainsi qu'il suit :

Art. 14. « A l'égard des redevances en grains, il sera formé une année commune de leur valeur d'après le prix des grains de même nature, relevé sur les registres du marché du lieu ou du marché le plus prochain, s'il n'y en a pas dans le lieu. Pour former l'année commune, on prendra quatorze années antérieures à l'époque du rachat, on retranchera les deux plus fortes et les deux plus faibles, l'année commune sera formée sur les dix années restantes. »

Art. 15. « Il en sera de même pour les redevances en volailles, agneaux, cochons, beurre, fromage, cire et autres denrées, etc. »

Art. 21. « Le rachat de la somme à laquelle aura été liquidé le produit annuel des droits de redevances fixes et annuelles, se fera, savoir, pour les redevances en argent et corvées, et pour le produit des banalités, au denier vingt ; et quant aux redevances en grains, volailles, denrées et fruits de récoltes, au denier ving-tcinq . »

Art. 22. Tout redevable qui voudra racheter les droits seigneuriaux dont son fonds est grevé, sera tenu de rembourser avec le capital du rachat tous les arrérages des rentes fixes et annuelles qui se trouveront dues, tant pour les années antérieures que pour l'année courante, au *prorata* du temps qui sera écoulé depuis la dernière échéance jusqu'au jour du rachat. »

Enfin, le 20 août 1792, l'assemblée nationale, toujours dans le même esprit qui avait dicté les décrets précédens, voulant faciliter le rachat facultatif des droits ci-devant féodaux et autres redevances foncières, rendit le décret suivant, dont on a extrait les articles le plus directement applicables au rachat des droits fixes.

Loi du 20 août 1792.

Art. 1er. « Tout propriétaire de fiefs, de fonds, ci-devant mouvant d'un fief en censive ou roturièrement, sera admis à racheter séparément, soit les droits casuels qui seront justifiés par la représentation du titre primitif de la concession du fonds, soit les cens et autres redevances annuelles et fixes, de quelque nature qu'ils soient et sous quelque dénomination qu'ils existent, sans être obligé de faire en même temps le rachat des uns et des autres. »

« Il pourra aussi racheter séparément et successivement les différens droits casuels justifiés par la représentation du titre primitif, et détaillés dans les seconde et troisième dispositions de l'article 2 du titre III du décret du 15 mars (28) 1790. »

Art. 11. « Tout propriétaire de fonds grévés, de rentes foncières perpétuelles, créées irrachetables ou devenues telles par convention ou prescription, et déclarées rachetables par le décret du 18 décembre 1790, qui remboursera la rente avant que le rachat des droits casuels en ait été fait, sera tenu de remplir ce qui est prescrit par l'article 10 du même décret. ».

Art. 13. « Tout redevable de champarts, tasques, terrages, agriers, soëte, complans, dîmes féodales dans les lieux où elles existent, et autres redevances de même nature, pourra exiger, quand bon lui semblera, la conversion en une rente ou redevance annuelle d'une quotité fixe de grains payable aux termes ordinaires jusqu'au rachat. »

Art. 14. « A cet effet, le redevable fera notifier au propriétaire de la redevance, ou à son dernier domicile, sa demande de conversion, etc. »

Art. 15. « Il sera procédé par des experts que les parties nommeront, ou qui seront nommés d'office par le juge, à une évaluation de ce que le fonds produit habituellement en chaque espèce de grains dans une année commune. »

Ils inséreront à la suite de leurs avis motivés sur la quotité fixe, et l'espèce de rente en grains qui doit remplacer annuellement la redevance jusqu'au rachat; cette quotité devra être déterminée dans la proportion du produit de l'année du fonds en grains. »

L'article 1er du titre II de la même loi, dit : « Toute solidarité pour le paiement des cens, rentes, prestations et redevances, de quelque nature qu'ils soient, et sous quelque dénomination qu'ils existent, est abolie sans indemnité, même pour les arrérages échus; en conséquence, chacun des redevables sera libre de servir sa portion de rente, sans qu'il puisse être contraint à payer celle de ses codébitans. »

« Le créancier ou ci-devant seigneur sera

tenu d'en faire la recette jusqu'au rachat ou
remboursement, qui pourra être fait, dans tous
les cas, de la manière prescrite par le présent décret. »

Art. 2. « Les codébiteurs solidaires de cens
ou redevances annuelles fixes, même de rentes
foncières perpétuelles irrachetables ou devenues telles par convention ou prescription,
pourront racheter à l'avenir divisément, suivant ce qui est décrété par les articles 1er et
suivans du titre précédent, leur portion con-
tributive desdites redevances, rentes et droits
fixes, en se conformant à ce qui sera prescrit
par les articles suivans, sans que, sous prétexte de la solidarité, ils puissent être con-
traints à rembourser au-delà de leur quote
part, etc. »

L'article 1er du titre III de cette même loi
prononce que, « Les arrérages à échoir de
cens, redevances, même de rentes foncières
ci-devant perpétuelles, se prescriront à l'avenir
par cinq ans, à compter du jour de la publication du présent décret, s'ils n'ont été conservés par la reconnaissance du redevable ou
par des poursuites judiciaires. »

Art. 2. « Néanmoins la prescription pour

les droits corporels et incorporels, apparte-
nant à des particuliers, est et demeurera suspendue depuis le deux novembre 1789, jusqu'au deux novembre 1794, sans qu'elle puisse
être alléguée pour aucune partie du temps
qui sera écoulé pendant le cours desdites cinq
années, soit pour le fonds desdits droits, soit
pour les arrérages, conformément à ce qui a
été décrété à l'égard des mêmes droits appar-
tenant à la nation, par le décret du 1er juillet 1791. Il en sera de même des redevables à
l'égard desquels la prescription est et demeurera suspendue pendant le même temps. »

Et l'article 3 suivant, pour donner de justes
facilités aux possesseurs de fonds grevés, de
se libérer du rachat, a statué que « les redevables d'arrérages de cens, rentes, champarts,
et autres redevances annuelles, de quelque
nature que ce soit, échus en 1789, 1790 et
1791, auront la faculté de se libérer en trois
paiemens égaux, de la manière suivante.

« Ils seront tenus de payer, dès cette année,
un tiers du montant des susdits arrérages, à l'é-
chéance du terme ordinaire, un tiers au même
terme de 1793, et le dernier tiers à pareil
terme de 1794, sans préjudice de l'année cou-

rante, et de celles à échoir, qui se paieront aux termes fixés. »

Art. 5 et dernier. « Tous les décrets antérieurs relatifs au rachat des cens, redevances et autres droits fixes ou casuels, ainsi que des rentes foncières ci-devant perpétuelles, auxquels il n'est pas dérogé par le présent décret, continueront d'être exécutés. »

Alliant ainsi les principes consacrés par le décret du 20 septembre 1789, abolitif des droits féodaux, et de tout ce qui portait un caractère de servitude, avec ceux de la justice et du respect pour le droit sacré de la propriété : tous les décrets rendus sur cette matière, jusqu'à celui du 20 août 1792, n'avaient porté aucune atteinte à ce dernier droit, et s'étaient bornés à supprimer les abus qui tiraient leur origine des conquêtes des Gaules par les Francs, et autres peuples du Nord, qui, lorsqu'ils eurent subjugué notre antique patrie, en lui imposant des lois, firent esclaves ou serfs les hommes libres qu'ils avaient vaincus.

En abolissant des priviléges, des distinctions honorifiques, et des droits justement signalés comme dégradant l'humanité, les premiers législateurs avaient rendu hommage à la phi-

2.

losophie et aux lumières du xviiie siècle; et
les possesseurs des fiefs et droits féodaux, en
qui l'égoïsme et la vanité n'avaient pas étouffé
les notions innées du juste et de l'injuste,
durent non-seulement souscrire de bon gré à
ce redressement du droit naturel, mais ap-
plaudir avec d'autant plus de raison aux dispositions des législateurs, qu'ils purent y remar-
quer une égale sollicitude pour leurs intérêts,
pour *leurs droits utiles*, et pour ceux de leurs
ci-devant vassaux, à qui les nouvelles lois ren-
daient tous les droits inhérens à l'essence et
à la dignité de l'homme, mais sous la condition de racheter ceux de ces droits provenant
de conventions volontaires, ou représentant
des concessions de fonds de terre, moyennant
des redevances annuelles, perpétuelles ou casuelles, telles que les rentes foncières, cens, etc.,
et la prévoyance des législateurs ne leur per-
mit de négliger aucune des dispositions et des
règles propres à assurer l'exécution d'un sys-
tême qui, quoiqu'essentiellement juste dans
le fond, pourrait donner lieu à des troubles,
en ce que, d'une part, il froisserait des intérêts et des préjugés fondés sur une possession
immémoriale, tandis qu'il éveillerait, d'un

autre côté, l'envie et la cupidité, peut-être même la vengeance, contre une classe qui avait souvent abusé de ses droits.

Cependant les hommes sages, les hommes justes, sans en excepter ceux qui perdaient des distinctions, des priviléges et des droits onéreux et souvent humilians pour leurs semblables, firent retentir, d'une extrémité de la France à l'autre, un cri d'assentiment unanime à la proclamation des principes régénérateurs, et de leur application à l'anéantissement de toutes les institutions féodales; et si quelques-uns de ceux qui se crurent lésés, et le furent en effet dans des affections anti-sociales, s'élevèrent contre ce qu'ils appelaient *violation du droit des gens*, on se rit de leurs clameurs impuissantes, comme on fait de la mauvaise humeur d'un élégant surpris par une ondée, desirée depuis long-temps, et que lui seul ne regarde pas comme un bienfait de la nature.

Mais si cette restauration des Français dans les droits primitifs et imprescriptibles de l'homme, méritait et obtint l'approbation générale, il ne put en être de même des décrets arbitraires et spoliateurs, par lesquels la convention étendit la suppression, sans indemnité, à des droits reconnus légitimes et consentis par des actes authentiques autant que volontaires, qui stipulaient des redevances en argent ou en nature, fixes ou casuelles, en échange de concessions de fonds de terre légalement acquis par leurs propriétaires ou leurs ascendans.

Elle dépouilla ainsi ces propriétaires et *donna* leurs biens à ceux qui en étaient, proprement dit, les fermiers perpétuels, et qui n'en jouissaient que sous la clause et condition de servir aux véritables propriétaires du fonds, des rentes, des redevances, dont la modicité, n'offrant d'ailleurs rien d'onéreux pour le tenancier dans le contrat ou bail emphytéotique, ne le rendait pas plus susceptible de concellation sous ce rapport que sous celui de l'inauthenticité.

Voici l'exemple que je fournis de ce renversement de toute justice. Le simple exposé des faits et des actes suffira pour établir mes droits et démontrer combien est fondée ma réclamation.

En l'année 1571, à la suite des dissensions civiles dont la France avait été le théâtre, et

qui la déchirait encore, les finances de l'état,
ne se trouvant point en rapport avec ses dé-
penses, un édit du roi, appuyé d'un indult du
pape, ordonna l'aliénation et la vente de
cinquante mille écus d'or du revenu des biens
ecclésiastiques du royaume « *destinés* , y est-il
« dit, *à subvenir aux frais de la guerre.* »

Le quintaïeul de mon père, déjà propriétaire dans le Quercy, acquit, *par adjudication*
au parlement de Toulouse, plusieurs de ces
terres, provenant de l'abbaye de Moissac ;
mais les malheurs que ma famille a éprouvés
depuis cette époque, et notamment en 1651 ,
lors des troubles politiques sous la minorité de
Louis XIV, dans lesquels mon bisaïeul fut
puni de sa fidélité à la cause du roi, par le
pillage et la dévastation de ses propriétés , ont
rendu forcée la vente de ces mêmes biens (1)
et de plusieurs autres que mes pères possé-
daient dans le Languedoc, la Lorraine et l'Al-
sace. Un seul fief, de ceux acquis en 1571 ,

---

(1) La métairie de Chabanon, la seule qui me res-
tait dans cette partie de la France, m'a servi à répa-
rer, en partie, les malheurs et les pertes que j'ai
éprouvés depuis vingt-six ans.

nommé *Bois-de-Faux*, consistant en terres, vignes, bois, prés et friches, et concédé en détail par l'acquéreur à rentes *foncières, perpétuelles, en argent et en nature*, à des particuliers de la ville de Moissac et lieux circonvoisins, est resté dans ma famille, qui en jouissait sans trouble ni empêchement quelconque depuis plus de deux siècles, lorsque le décret du 20 septembre 1789, faussement interprété par les vingt-quatre tenanciers, leur a d'abord fait croire qu'ils pouvaient se dispenser de payer les rentes foncières et autres redevances.

Me trouvant à cette époque en pays étranger, et n'étant rentré en France qu'à la fin de l'année 1791, je me disposais peu après mon retour, à mettre mes débiteurs en demeure, lorsqu'avec l'année 1792 commença la guerre qui m'appela aux armées, où les fonctions d'adjudant-général chef d'état-major, ne me permirent pas de m'occuper de mes propres affaires.

L'année 1793, qui m'en aurait encore moins laissé le loisir (1), vit paraître ces décrets qui

____

(1) Nommé le 8 mars maréchal de camp; employé à l'armée du Rhin, j'y commandai successivement la

rendirent aussi inutile qu'il eût été dangereux de revendiquer des droits qu'ils proscrivirent avec autant d'injustice que leurs tranquilles propriétaires le furent eux-mêmes sans pitié.

Il me suffira de rapporter ici les principaux pour justifier le silence que j'ai gardé pendant les cinq ans accordés par l'article 8 du titre III du décret du 28 mars 1790, pour me pourvoir en nullité de renonciation forcée à mes droits.

1° *Décret qui supprime*, sans indemnité, *toutes redevances ci - devant seigneuriales, tous droits féodaux, même ceux conservés par le décret du 25 août 1792. Du 17 juillet 1793.*

Art. 1er. « Toutes redevances ci - devant seigneuriales, droits féodaux, censuels, fixes et casuels, même ceux conservés par le décret du 25 août dernier, sont supprimés sans indemnité. »

Art. 2. « Sont exceptées des dispositions de l'article précédent, les rentes ou prestations purement foncières et non féodales....

46e demi-brigade, et celle des grenadiers de l'avant-garde.

Art. 3. « Les procès civils et criminels in-
tentés , soit sur le fonds, soit sur les arrérages
des droits supprimés par l'article 1er, sont
éteints sans répétition de frais de la part d'aucune des parties, etc. »

2° *Décret du 2 octobre 1793.*

« La convention nationale, après avoir entendu la lecture faite au nom de son comité
de législation d'un projet de déclaration contenant deux points principaux. »

« Le premier consistant à séparer dans les
actes portant concession primitive de fonds à
titre d'inféodation ou d'ascensement, ce qui
est purement foncier d'avec les droits qui ,
sous le nom de cens ou de casualité, rappel-
leraient le régime tyrannique aboli par la loi
du 4 août 1789. »

« Le second point consistant à proroger
à six mois le brûlement des titres féodaux
mixtes. »

« Passe à l'ordre du jour motivé sur la loi du
17 juillet, relative aux droits féodaux. »

3° Décret sur une question relative au rachat offert pour le compte de la nation, d'une rente qualifiée foncière et seigneuriale. Du 7 ventôse an 2 (25 février 1794).

« La convention nationale, après avoir entendu le rapport de son comité de législation, sur la question proposée par l'administration des domaines nationaux : si la régie nationale de l'enregistrement et des domaines, peut recevoir le rachat qui lui est offert pour le compte de la nation, d'une rente de trente-cinq septiers de blé, qualifiée foncière et seigneuriale par le titre primitif ou bail d'héritage, dans lequel est en même temps stipulé un droit de cens emportant lots et ventes ? »

« Considérant que déjà elle a déclaré, par un décret d'ordre du jour, du 2 octobre 1793, qu'elle avait entendu par la loi du 17 juillet précédent, supprimer sans indemnité les rentes foncières qui avaient été créées, même par concession de fonds, avec mélanges de cens et autres signes de seigneurie ou féodalité. »

« Déclare qu'il n'y a pas lieu à délibérer. »

Ensuite de ces décrets, je dus sans doute ainsi que tous ceux qui se trouvaient dans le même cas, renoncer pour le moment à toutes poursuites, soit pour me faire payer des rentes foncières que me devaient les détenteurs du domaine de Bois-de-Faux, soit pour leur demander le prix du rachat. Je dus enfin attendre le retour à des principes qu'un système d'anarchie et de spoliation avait seul pu faire violer et méconnaître, pour faire valoir des droits que cette violence même préservait de la prescription; cependant cet ordre de choses, ou plutôt ce renversement de tout ordre, se prolongea jusqu'en l'an 8 (1799), où il fut peut-être permis de croire que le gouvernement qui succédait à l'anarchie et qui vit bientôt à ses pieds ces mêmes désorganisateurs de l'ordre social, qui avaient spolié les uns pour enrichir les autres, que Buonaparte, dis-je, relevant la justice sous l'égide de la puissance dont il s'était emparé, s'empresserait d'accueillir les trop justes plaintes de quelques milliers de propriétaires de rentes, de l'espèce de celles dont j'étais dépouillé ; mais cette espérance ne tarda pas à s'évanouir avec les illusions non moins flatteuses dont les bons français s'étaient repus lors des premiers coups portés au régime révolutionnaire. On vit bientôt celui dont la main de fer sut comprimer ce qui avait un caractère d'indépendance, l'appesantir également sur tout ce qui portait l'empreinte d'une ancienne possession, et, sacrifiant à la multitude, nécessaire à ses projets, une minorité trop faible pour résister à l'oppression, mais dont l'improbation manifeste ou tacite excitait sa haine et ses vengeances, confirmer les spoliations et rendre aussi impossible sous sa dictature de fait, qu'il eût été dangereux, au temps de la république, de revendiquer des droits dont l'ancienneté des titres de propriété, qui en eût été un de proscription en 1793, les eût fait rejeter depuis cette époque, où tout ce qui n'avait pas le cachet d'une nouvelle création, fut compté pour rien. Ainsi, loin de rendre aux anciens défenseurs de l'état et du trône la justice qu'ils réclamaient, on vit celui qui s'était saisi du sceptre des rois, en dégrader le plus bel attribut, en confirmant, par l'avis suivant de son conseil, les lois démagogiques de 1793 et 1794.

Voici cet acte dont la composition sera mise au rang des nombreux contrastes que présente la vie politique de son auteur.

Avis du conseil d'état du 3o pluviôse an 11,
ou 19 février 1803.

« Le conseil d'état, d'après le renvoi du gouvernement, et sur le rapport de la section de législation ; »

« Vu les articles 1 et 2 de la loi du 17 juillet 1793, portant suppression des redevances ci-devant seigneuriales, droits féodaux fixes et casuels, et qui n'exceptent de cette disposition que les rentes ou prestations purement foncières et non féodales ; »

« L'article 6 de la même loi, qui ordonne le brûlement des titres constitutifs et récognitifs des droits supprimés par les articles 1er et 2 ; »

« Le décret du 20 octobre 1793, par lequel la convention, *sur la proposition de séparer ce qui était purement foncier dans les actes portant concession primitive de fonds à titre d'inféodation ou d'ascensement, et de proroger en conséquence à six mois le délai fixé pour le brûlement des titres féodaux mixtes, passe à l'ordre du jour, motivé sur la loi du 17 juillet, relative aux droits féodaux ;* »

« Le décret du 7 ventôse an 2, par lequel la convention, sur la question proposée, si la régie nationale de l'enregistrement et des domaines pouvait recevoir le rachat offert d'une rente qualifiée foncière et seigneuriale, par le titre primitif de bail d'héritage, contenant en même temps un cens, emportant lots et ventes, déclare qu'il n'y a pas lieu à délibérer, *attendu qu'elle a déclaré par la loi du 17 juillet précédent, supprimer sans indemnité les rentes foncières qui avaient été créées, même par concession de fonds, avec mélange de cens ou autres signes de seigneurie ou féodalité;* »

« Considérant que si les articles 1er et 2 de la loi du 17 juillet 1793, pouvaient laisser quelques doutes (1) sur l'objet et l'intention

***

(1) Des doutes! eh! qui pouvait en avoir sur les intentions de ceux qui dominèrent la convention? Ils ne daignèrent même pas les dissimuler : mais si leur cri de ralliement fut *guerre aux châteaux, paix aux chaumières*, et s'ils détruisirent et pillèrent les uns, ce ne fut pas pour se contenter des autres, mais pour construire de nouveaux palais qui leur appartinssent, où ils ont depuis étalé les richesses qu'ils avaient feint de dédaigner lorsqu'ils n'en avaient pas, et les titres qu'ils avaient proscrits, lorsqu'ils ne pouvaient y prétendre.

des législateurs, ces doutes ont été pleinement levés par le décret d'ordre du jour, du 2 octobre 1793 ; que le refus de proroger le délai fixé pour le brûlement des titres constitutifs et récognitifs de seigneurie, et d'autoriser la séparation de ce qui pourrait être purement foncier, annonce clairement que la convention regardait tous les droits quelconques établis par ces titres, comme supprimés par une suite *de leur mélange avec des cens ou autres signes de féodalité ;* »

« Que le décret du 7 ventôse an 7, qui déclare qu'il n'y a pas lieu à délibérer sur l'autorisation demandée par la régie nationale, pour recevoir un remboursement de rente foncière stipulée par un acte mélangé de cens, aurait achevé de dissiper toute incertitude, s'il avait pu encore en exister ; »

« Que telle a été depuis l'opinion constante du corps législatif ; qu'elle s'est manifestée en l'an 5 et en l'an 8, dans les discussions sur les projets présentés à l'effet d'établir une distinction entre les rentes et prestations créées par des actes constitutifs ou récognitifs de seigneurie, pour soustraire à la suppression celles qu'on regardait comme purement foncières ; »

« Attendu qu'il n'est pas possible de méconnaître des intentions aussi évidentes (1), et
qu'il ne peut y avoir lieu à interpréter des dispositions qui ne sont nullement obscures ; »

« Est d'avis, que toutes prestations, de quelque nature qu'elles puissent être, établies par
des titres constitutifs de redevances seigneuriales et droits féodaux, supprimés par le décret du 17 juillet 1793, ont été pareillement
supprimées, et que l'on ne pourrait admettre
les demandes en paiement de ces prestations
sans changer la législation. »

« Pour extrait conforme, le secrétaire général du conseil d'état, signé J. G. LOCRÉ. »

Après ce dernier coup, il ne resta plus qu'à
gémir sous une oppression contre laquelle il
n'y avait aucun recours. Un seul événement
pouvait produire une amélioration dans le sort
des victimes de l'anarchie et du despotisme, et
si des vœux furent ardens et sincères pour le
retour d'un gouvernement équitable et pro-
tecteur impartial de toutes les classes de la so-
ciété, ce furent incontestablement ceux des

---

(1) Référé à la note précédente.

Français qui, comme moi, non enrichis ni dédommagés par la révolution ou la guerre, des pertes que l'une et l'autre leur ont causées, conçurent la douce espérance que, sous l'égide d'une restauration si désirée, chacun recouvrerait ceux de ses droits qui ne portaient aucune atteinte à ceux consacrés par la saine raison et la justice naturelle.

Ce fut donc avec une entière confiance qu'aussitôt la réunion de la première chambre législative, convoquée par l'auguste héritier du trône autour duquel on vit tous mes ascendans se rallier contre ses ennemis intérieurs et extérieurs, je lui adressai mes trop justes doléances ; persuadé que Messieurs les députés des départemens, reconnaissant l'irréfragabilité de mes droits, statueraient sur ma réclamation, en provoquant, non une loi particulière en ma faveur, mais une interprétation qui rappellerait et confirmerait celles contenues dans les articles 6 du décret du 21 septembre 1789, 11, 17, 27 et 29 du titre II du décret du 28 mars 1790 ; 1er, 2, 5, 6, 7 et 8 du titre III du même décret ; 1er, 2, 6, 12, 13, 14, 15, 21 et 22 du décret du 9 mai suivant ; 1er, 11, 13, 14 et 15 du titre Ier ; 1er

et 2 du titre II; 1ᵉʳ, 2, 3 et 5 du titre III de
la loi du 20 août 1792; par lesquels les assemblées nationales ont déclaré que « nonobstant
leur origine féodale, les rentes foncières et
autres droits utiles, qui sont le prix et la condition d'une concession primitive de fonds,
ne seraient point compris dans la loi qui avait
aboli les droits féodaux, et continueraient
d'être payés jusqu'au rachat. »

S'il n'en a pas été ainsi, et si la chambre des
députés de 1814, dans la séance du 7 décembre, a passé à l'ordre du jour sur l'objet de
ma pétition, c'est que sans doute je ne l'avais
pas présentée sous son véritable point de vue;
et ce qui le confirmerait, c'est que l'ordre du
jour est motivé sur la compétence des tribunaux pour en connaître; tandis que j'aurais
dû représenter, comme aujourd'hui, qu'ayant
été dépossédé par les décrets de la convention,
relatés ci-devant, il n'y a qu'un acte émané du
pouvoir législatif qui puisse en prononcer l'an-
nullation, et investir les tribunaux de la faculté d'en faire l'application, en condamnant
les détenteurs emphytéoses de biens fonds,
qui ne leur ont été concédés qu'à condition
d'en payer une rente foncière perpétuelle, etc.,

à en solder les arrérages jusqu'à ce jour, et à continuer de payer cette rente en argent ou en nature jusqu'au rachat, conformément aux dispositions des lois et décrets des 21 septembre 1789, 28 mars et 3 mai 1790, et 20 août 1792.

C'est dans ce sens que j'ai renouvelé ma requête à la chambre des députés de l'année 1815, et sa commission des pétitions, qui l'avait accueillie, lui en aurait fait le rapport, si la brièveté de sa session ne lui eût fait écarter les affaires particulières pour ne s'occuper que d'objets d'un intérêt général ; ce que la commission m'a fait savoir, en m'invitant à présenter ma demande à la prochaine session.

La chambre de 1816 a gardé le silence sur la pétition que je lui ai fait parvenir du département où des affaires m'ont retenu jusqu'à présent.

J'ose espérer que l'année 1818 me sera plus favorable, et que, sous les auspices de l'aréopage français, je recouvrerai le seul débris qui me reste de la fortune de mes pères.

www.ingramcontent.com/pod-product-compliance
Ingram Content Group UK Ltd.
Pitfield, Milton Keynes, MK11 3LW, UK
UKHW022225070726
13613UKWH00004B/1878